ALS PAPA FORT WAR

ALS PAPA

FORT WAR
MAURICE SENDAK

Copyright © 1981 by Maurice Sendak
Originaltitel 'Outside Over There'
Erstmals erschienen bei
Harper & Row, Publishers, New York 1981
German translation rights
arranged with Sheldon Fogelman
Gestaltung von
Maurice Sendak und Atha Tehon
Die Schrift schrieb Klaus Schröder
Alle deutschen Rechte vorbehalten
Copyright © 1984 by
Diogenes Verlag AG Zürich
70/84/J/1
ISBN 3 257 00641 1

Für Barbara Brooks

spielte Ida auf ihrem Wunderhorn,
um das Baby in den Schlaf zu wiegen —
aber sie paßte nicht auf.

Da kamen die Kobolde.
Sie drängten herein,
zogen Baby hinaus
und ließen ein anderes zurück —
eins aus Eis.

Die arme Ida ahnte nichts, nahm das vertauschte Baby in ihre Arme und flüsterte: „Ich hab dich ja so lieb."

Das Ding aus Eis tropfte nur und glotzte.
Da wußte Ida, die Kobolde waren da, und war ganz außer sich.

„Sie haben meine Schwester gestohlen!" schrie sie.
„Sie soll die Braut eines bösen Kobolds werden!"
Nun griff Ida schnell

nach Mamas gelbem Regenumhang,
steckte ihr Horn vorsichtig in eine Tasche
und machte – einen schlimmen Fehler.

Sie kletterte rückwärts aus ihrem Fenster

nach draußen dort drüben.

Die dumme Ida
wirbelte an den Höhlen der Räuber vorbei
und sah nichts.
Endlich hörte sie von ferne
das Lied ihres Papas auf See:

„Wenn Ida statt rückwärts im Regen
sich vorwärts würde bewegen,
verdürbe sie mit ihrer Weise
dem Kobold seine Hochzeitsreise!"

Da drehte sich Ida herum, und schwupp befand sie sich mitten im Hochzeitsfest.

Oh, wie diese Kobolde strampelten und brüllten! Es waren Babys wie ihre Schwester!

„So ein Radau!" rief Ida schlau
und spielte ihre Zauberweise.

Die Kobolde konnten nicht anders, sie mußten tanzen, langsam zuerst, dann schneller und schneller, bis sie ganz außer Atem waren.

Sie riefen: „Grausame Ida, du,
uns wird ganz schwindlig, laß uns in Ruh!"

Doch Ida spielte einen wilden Seemannstanz,
der im Mondschein Matrosen den Kopf verdreht.

Die Kobolde hopsten und hüpften so wild,

bis sie tanzend in einem schäumenden Bach davonwirbelten.

*Nur einer nicht, der lag wohlig in einer Eierschale,
krähte und patschte, ganz wie ein Baby.
Und das war Idas Schwester.*

Jetzt nahm Ida das Baby fest in den Arm und folgte vergnügt dem

Bach, der sich wie ein Pfad entlang der weiten Wiese schlängelte,

dann den ringelrunden Hügel hinauf in die Laube

zu Mama mit einem Brief von Papa in der Hand, worin stand:

„Eines Tages komm ich nach Hause,
und meine tapfere, kluge kleine Ida
muß auf das Baby
und ihre Mama aufpassen
für ihren Papa, der sie immer lieb hat."

Und genau das hat Ida getan.